AF445502

Graça Boness

FRANZ

meu autista inspirador

◆

EDIZIONI WE

Título FRANZ - meu autista inspirador

Contato da autora:
mariabonessellis@gmail.com

ISBN 979-12-5497-084-3

©2023 Edizioni WE di Nicola Bergamaschi
Via Paulli 10/A - 26015 -Soresina (CR)
www.clickpertutti.com
www.edizioniwe.com
www.facebook.com/edizioniwe
www.instagram.com/edizioniwe
info@edizioniwe.com

APRESENTAÇÃO
Por Simona Adivíncula e Nicola Bergamaschi

-I-

Queridos leitores, temos o prazer de apresentar "Franz, meu autista inspirador", uma obra da escritora brasileira **Graça Boness**.

Nas páginas deste livro, a autora expressa o amor, a dedicação e a perseverança. E, como mãe de autista, ela repete o mantra: ***"A Ciência nos salvará…"***.
A confiança no progresso pedagógico e no avanço da ciência, a faz pensar assim.

Graça Boness é uma Desembargadora do Trabalho da Bahia. Fundou juntos com os dez país de autistas, há cerca de 30 anos atrás a Escola Evolução e é uma associação sem fins lucrativos, beneficiando 60 % dos alunos absolutamente carentes, tirados das periferias e favelas de Salvador.

Nós da Edizioni We parabenizamos a autora e desejamos a todos, uma boa leitura!

INTRODUÇÃO
Por Graça Boness

Este livro começa numa das fases mais difíceis da minha vida e também do mundo. Um período cruel, mas a esperança de que a Ciência nos salvará.

Lidando com cuidado com a pandemia global que assola o país com centena de milhares de brasileiros mortos, empresas fechadas, cerca de 12 milhões de desempregados. Isso em fevereiro de 2020.

Franz é um autista moderado que se tornou um adulto semi-verbal (um verdadeiro salto quântico), mas é frágil e tenho que evitar qualquer exposição.

Estamos sós em casa com meu marido inglês Simon perto dele, já que o pai Heiter, amado primeiro marido faleceu em 2001.

Uma grande esperança me ilumina quando acompanho as notícias na BBC e vejo que o Reino Unido inicia a imunização dos seus cidadãos, com a vacina Pfizer Biothec, americana/alemã, primeira nação a inaugurar a ação proativa e separada mundialmente. Em 08/12/2020! Ah, os ingleses, sempre na vanguarda de ações corajosas!

Acenderam a luz da esperança no mundo. A partir daí, os EUA, a União Europeia, a China, Bahrein, México, Costa Rica, Chile vacinam as suas populações.

Não vou falar em políticas radicais que politizam o vírus. Não é a intenção.

Repito o mantra: *"A Ciência nos salvará..."*.

Em apenas 11 meses, numa acelerada corrida com cientistas do mundo inteiro, várias vacinas disponíveis e eficazes. Nunca em outra época, tal se deu. O mínimo foi em 5 anos, como quando aconteceu com a caxumba. Então a Esperança reacendeu minha motivação para prosseguir na vida, com a certeza de um mundo melhor.

E aí outra tragédia acontecendo: as mutações do vírus, no Reino Unido, na África do Sul, tornando-os isolados do mundo. E mais: o caos de asfixia do sistema hospitalar no Amazonas.

E a descoberta pelos ingleses da mutação do vírus em sede amazônica, muito mais perigoso e cruel.
Brasil isolado do mundo, afinal, levando de roldo os países da América do Sul, Cabo Verde e Portugal, pelo Reino Unido. Portugal se enfurece da medida britânica de proibir os vôos.

Os ingleses deliberam em 2 pontos: liberam os britânicos que estão residindo no estrangeiro (como Simon) e os vôos de suprimento de bens para o Reino Unido, vindos de Portugal.

Ainda não parece justo, afinal, este vírus cruel é desconhecido ainda pela Ciência e tem a capacidade de surpreender com maldade, a cada instante a população mundial.

Mas repito o mantra:
"A Ciência nos salvará…".

AGRADECIMENTOS

Os meus agradecimentos aos fundadores
da Escola Evolução de Autistas:

Valdino Pereira da Silva
Margarida Maria Sacramento da Silva
José Augusto de Azevedo Leal
Graça Maria Oliveira de Azevedo Leal
Antônio Fernando Meyer nascimento
Maria da Glória Matos Nascimento
José Venceslau dos Santos
Ana Maria Santos
Arnaldo Souza de Oliveira
Maria Helena Cerqueira Oliveira
Elio de Albuquerque Abrunhosa (*in memorian*)
Iara da Fonseca Abrunhosa
José Maria Couto Sampaio (*in memorian*)
Marilena Barreto Sampaio (*in memorian*)

Especialmente ao meu 1º marido falecido em
17/02/2001, Alter Heiter Boness.

Agradeço com todo o coração à minha filha e irmã de Franz, Ingrid Oliva Boness, hoje Juíza do Trabalho em Feira de Santana.

E também agradeço à minha funcionária/irmã, Ana Rita Jesus Santos pelo zelo e dedicação de 25 anos comigo e com Franz.

FRANZ
meu autista inspirador

CAPÍTULO I

Franz: quando você nasceu, seus olhos fixavam o vazio... Colocava as mãozinhas nos ouvidos, quando eu lhe queria falar...

Se recolhia como um fugitivo, quando eu me aproximava para lhe abraçar e lhe beijar...

Rejeitava todo e qualquer contato humano e chorava muito e gritava de pesadelos na madrugada...

Eu não sabia o que fazer...

Você não falava...

O diagnóstico de autismo veio aos 2 anos por um psiquiatra paulista.

Chorei, chorei, chorei muito
Ingrid, a irmãzinha, 2ª mãe, também!

O pai, o amado Heiter hoje falecido, se recolheu ao quarto para chorar desesperadamente...

Um médico me disse que tínhamos um futuro difícil e triste...

Mas não desistimos de você!

Fundamos, com um grupo de 10 pais dedicados e desesperados a Escola Evolução Inespi
Contamos com a ajuda valiosa do Professor Dr Luiz Meira Lessa, que veio da Alemanha.

Nossa vida é antes e depois de dr Lessa!
Gratidão!

E veio Kika, uma pastora alemã super paciente, que conseguiu lhe tornar acessível ao contato humano…

Gratidão a pastorzinha, que aturou suas puxadas de orelha, mordidas nas patinhas, com um afeto e paciência de anjo cósmico…

Até hoje tenho essa raça fantástica de cachorro, o pastor alemão, em minha casa…

Por você! Por gratidão.

Seu pai morreu, após uma sofrida sobrevida cego e paralítico por 2 anos, sendo cuidado por mim, por Ingrid, por Rita, minha funcionária/irmã!

Nos raros momentos de lucidez, me perguntava por você…

Que superou tudo com imenso trauma mas com dignidade...

Você se tornou semi verbal quando adulto: você é meu salto quântico...

E me fez conhecer Deus em pessoa, quando me tornei sua discípula...

Ele me fez ver que minha missão no mundo é com você e seus coleguinhas pobres que estão na Escola Evolução de autistas, com espaço de 10.000 metros em pleno Imbui, Salvador, sendo cuidados com os mesmos direitos seus pela equipe fantástica multidisciplinar, de segunda a sexta, de 8 as 16 horas, com lanches e almoço diário.

Me rendo a você, Franz!

Você é meu presente do Criador deste Universo e que me faz sempre otimista, mesmo atravessando momentos difíceis!

Você e um anjo que está nesta poeira do Cosmos, para eu seja melhor.

E neste domingo no seu sítio, me sento para escrever seu livro, para inspirar pais e parentes de autistas.

Confesso que as páginas estão molhadas de um choro de recordações dolorosas mas que consigo secar com a alegria de todo o sucesso que você se tornou!

Franz, você é meu autista inspirador!

CAPÍTULO II
SOBRE A FUNDAÇÃO DA ESCOLA EVOLUÇÃO INESPI, AUTISTAS E OUTRAS PESSOAS COM DEFICIÊNCIAS

A Escola Evolução é uma associação sem fins lucrativos destinada a educação especial de crianças e jovens com distúrbios de comportamento, incluindo autistas em seus variáveis graus.

Foi criada há cerca de 35 anos[1] por um grupo de 10 pais de autistas em que me incluo e hoje possui cerca de 60 alunos especiais, 40% carentes.

Funciona de segunda a sexta feira, dotada de uma equipe multidisciplinar de cerca de 23 funcionários, regularmente registrados, em suas múltiplas especializações sobre excepcionais.

Os alunos frequentam em regime integral, de segunda a sexta, das 8 às 16 horas, com lanches e almoços.
40% dos alunos da escola são carentes.

São oriundos das favelas, das comunidades periféricas, onde o excepcional não assistido é tratado não como caso de educação e sim de polícia.

---

[1] 23/07/1984

Muitas vezes nessas comunidades, o simples grito de uma criança especial no meio da noite, por força de um pesadelo sofrido por distúrbio de sono, é levado a uma história de reclamação em delegacia…

Além de sofrerem os excepcionais carentes com falta de um espaço próprio, com alimentação deficiente e falta de amparo dos órgãos oficiais.

Quando fundamos a Escola Evolução, atentamos para essa realidade trágica…

E resolvemos ampliar essa assistência educacional especial também as crianças e jovens especiais carentes…

Os coleguinhas de Franz vieram das mais longínquas favelas.

Tem o mesmo cuidado e assistência dos que como Franz, tem mais recursos que Deus propiciou para esta existência...

O AUTISTA
Evolução

CAPÍTULO III
LOCALIZAÇÃO DA ESCOLA EVOLUÇÃO
(IMBUÍ)

Uma área abençoada no Imbui de 10.000 m2, doada pela Prefeitura Municipal de Salvador, com doação específica para ser escola especial em 18/05/1990 através de escritura pública.

Há cerca de 35 anos atrás, era uma área abandonada e desprezada, destinada a ser invadida...

Meu primeiro marido falecido, pai de Franz, Heiter Boness, tinha uma visão de futuro com a mentalidade de gestor que era.

E me disse, profético: "essa área vai crescer e vai ser objeto de especulação imobiliária... e, se queremos para nosso filho e outros coleguinhas a mesma certeza de futuro, essa doação tentar ser gravada com finalidade eterna de ser escola especial..."
E assim o foi.

Enfim, construímos com muito esforço, sacrifício e dedicação o prédio principal, de forma rústica, que foi aprimorado anos depois.
Contratamos e treinamos funcionários (pensem num

sacrifício pessoal e financeiro!)...

Mas o sorriso e a felicidade dos alunos nos enchia de coragem e determinação.

Hoje temos uma equipe de 23 profissionais multidisciplinares: psicólogo, professores especiais, psicopedagogos, assistente social, musicoterapeuta, terapeuta ocupacional, professores de educação física, equoterapistas.

Custo alto, para uma instituição de cerca de 40% de carentes, que paga os encargos trabalhistas, previdenciários e fiscais muito altos.

Como sobreviver?
Com a contribuição mensal dos 40 % dos pais, em que me incluo.

Com doações devidamente registradas contabilizadas e auditadas.

Com produtos da padaria que são criados na escola e um centro de artesanato feito por mães carentes.

A associação tem uma diretoria atualmente composta de presidente, vice-presidente, tesoureiro e vice-tesoureiro, com estatutos legais, não sendo remunerada, por ser sem fins lucrativos possui utilidade pública municipal, estadual e federal.

CAPÍTULO IV
ESCOLA EVOLUÇÃO INESPI

Mas nem tudo são flores na vida da Escola

Mães carentes de longínquas favelas, embora com seus filhos assistidos o dia todo na instituição, não tinham dinheiro nem para voltarem para casa...

Nem emprego digno para garantir o sustento...

Em parceria com o Senai, conseguimos a realização de cursos de corte e costura, panificação, artesanato, salgados e doces.

Mães carentes se qualificaram para o mercado.

E criamos o clube das mães, gerenciado pela proativa e solidária parceira Ângela Vidigal, também mãe na instituição.

Uma produção de peças artesanais de fina qualidade começou a ser sucesso na lojinha da Escola...

E construímos uma padaria, na gerência de também outra mãe Rita Antunes, delicia nos salgados e doces, com vendas para o público.

Porque não queremos viver de caridade, queremos oportunidade! Esse é o lema dos especiais!

E, como dizem os ingleses, ajudar não dói, dignifica!

Visitem a Escola Evolução
Rua Alberto Fiuza no. 500
Imbui Salvador Bahia
Telefone (71)3231 1502

CAPÍTULO V
SOBRE A CRIAÇÃO DA PADARIA EVOLUÇÃO

E todos nós, pais e amigos dessa instituição, tivemos duras realidades a enfrentar com débitos que
cresciam, em face de manutenção, obrigações fiscais, trabalhistas e previdenciários uma folha de cerca de 23 funcionários a pagar despesas de escritório de limpeza, água, luz, telefone, internet...

Não podia a Escola esperar pelas doações.

Embora a Escola seja uma associação filantrópica sem fins lucrativos, que não remunera seus diretores, não tem isenção de nada e os débitos cresciam.

Com doações de equipamentos para se fazer uma pequena padaria, construímos uma na Escola.

A padaria Evolução!
Treinamos com o Senai, as mães carentes que se especializaram a fazer delícias de salgados e doces que estão disponíveis para o público.

Vale a pena uma visita
E fazer encomendas.
Franz está aqui como garoto-propaganda.

Só posando!

As delícias são feitas por mães hoje profissionais ge-
renciadas por Rita Antunes.

CAPÍTULO VI
A NOSSA LOJA DE ARTESANATO

Produtos feitos pelas mães artistas da instituição "O clube das mães"

Arte sacra, toalhas de banho, souplats
Produtos à venda na Escola Evolução
rua Alberto Fiuza no 500 Imbui
telefone: (71)3231-1502 com a gerente Angela Vidigal

CAPÍTULO VII
A PANDEMIA DE 2020 MARÇO DE 2020 E FRANZ NO SÍTIO, COMO ALTERNATIVA DE VIDA!

E ai o mundo se viu em pandemia com o vírus cruel do COVID 19, a escola amada de Franz, teve que fechar as portas.

Um drama!!
Passei noites sem dormir ao pensar numa alternativa menos sofrida para ele...
Todos os dias as 5:30 da manhã ele acorda e grita "escolinha".

E eu, "você está de férias!".
E ele: "site" (sítio, em linguagem semi-verbal, rs, rs)
E assim o sítio da Estrada do Coco foi a alternativa feliz de Franz, nestes tempos trevosos de 2020.

Natureza, restos da floresta Atlântica, rede, galinhas, patos, cachorros, delicias para comer e beber.
Ambiente aconchegante, simples e tranquilo.

Ele ama!
Gratidão, Universo!

CAPÍTULO VIII
O USO DA MÁSCARA EM AUTISTAS

Mas, aí, outro problema se afigurou: o uso obrigatório de máscara...

Como fazer compreender a um autista que deverá usar uma venda no nariz e na boca para poder sair de casa? Corri a pediatra dele, desde pequeno, Drª Glória Nascimento, para ter uma declaração por escrito às autoridades, de que ele estava isento da obrigação por ser portador de necessidade especial.

A Drª Glória foi solidária e me deu a declaração para prevenir atos de autoridade posteriores.

Mas, novamente, noites de sono foram embora para mim pois sentia que a falta da máscara nele, o condenaria também a um mundo mais restrito, nestes tempos trevosos...

O que fazer para ele usar?
Era maio e em Salvador estava tudo muito restrito.

O dia das mães estava vindo, e eu angustiada porque ele não usava máscara...

Então, um milagre aconteceu...
No dia das mães.

CAPITULO IX
O MEU PRESENTE DE DIA DAS MÃES

- 23 -

Franz aceitou usar máscara.
Para os normais, este uso poderia ser banal…

Mas estou falando de um autista, que o uso de um corpo estranho no rosto pode ser sentido como agressão…

Confesso que estava sem dormir pela possibilidade dele não aceitar.

Cheguei a falar com a médica dele e ela me deu uma declaração dele ser pessoa com necessidade especial absolvendo o uso…

Ok, mas ele estaria destinado a solidão de nossa casa em tempos futuros...
Um drama para mim e para ele.

Como mãe, comprei várias máscaras de diversos tecidos, de vários fabricantes, e descobri que a feita com suplex estava perfeita: confortável, segura e tem 2 forros.

Com muita ansiedade e receio esperei ele se aprontar para vir ao sítio (eu e ele, com toda a segurança) e coloquei a máscara no rostinho dele…

Os olhinhos dele me encararam, fixos nos meus, como se dissesse: " o que é isso?" Mas eu também estava de máscara e parece que ele compreendeu e ...

Vitória, ele me deixou colocá-la e usou em todo o percurso! Aleluia!

Franz agora está integrado ao mundo novo de nossos dias!

Tudo vai melhorar, vamos comemorar juntos!!!
Com o Criador do Universo no comando.
Gratidão

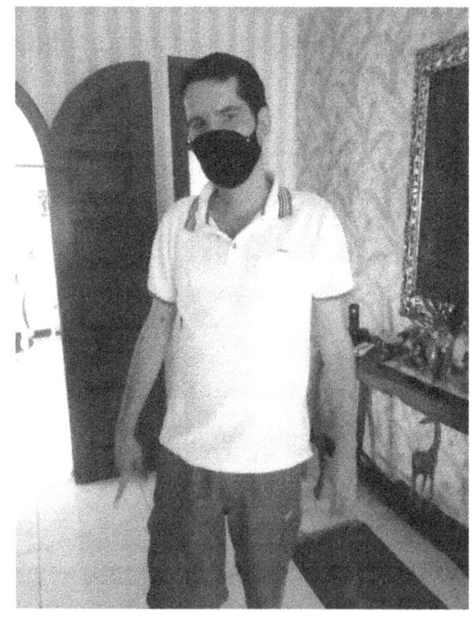

CAPITULO X
DE AUTISMO EU ENTENDO

- 25 -

Tenho um autista aqui assistindo TV comigo, rs, rs, rs! Não é nenhum gênio, como os portadores de Asperger (Einstein, Dr. Jeshua, Bekford de Oxford, graduado em neurologia em 2020, com apenas 14 anos...)

Mas Franz, embora não genial, teve um salto quântico na fase adulta se tornar semi-verbal, mistério da Ciência...

O famoso e pequeno neurologista de Oxford é o que, na verdade, a Ciência chama de Asperger...

São focados num só tema, eles são gênios, o Vale do Silício está repleto deles, especialistas em ciências exatas.

São caçados no mundo inteiro pelos "head hunters"...

Mistérios do autismo em diversos graus...

O meu Franz tem inteligência normal, carinhoso e feliz.

Não pode ser alfabetizado, mas já sabe exprimir suas percepções, desejos e angústias, em linguagem semi-verbal.

Na verdade, o que importa é que ele seja feliz e que encante a todos os que o cercam, com todo o carinho que ele emite! Um anjo na minha vida!!!

- 26 -

CAPITULO XI
BREVE RELATO DE NOSSA VIDA
COM FRANZ

Quem conheceu ele muito pequeno, junto com Ingrid a irmãzinha dele ainda pequena, meu primeiro marido, hoje falecido, testemunhou muitos momentos difíceis, pois ele não admitia o toque humano, era não verbal, gritava e chorava muito, as vezes por dor, fome ou sede...

Não dormia a noite inteira. Era hiperativo.

Ingrid, muito cedo se elegeu como 2ª mãe dele e Rita, nossa jovem funcionaria se desdobrava com ele.

Meu primeiro marido, hoje falecido, se aposentou cedo para que eu e Ingrid estudássemos e seguíssemos uma carreira.

Aí conhecemos um psiquiatra em São Paulo, dr. Raymond Rosenberg, que diagnosticou Franz como autista hiperativo e nos inspirou a fundar a Escola Evolução, incluindo também os autistas miseráveis das periferias de Salvador (pois em favelas, o caso do especial numa noite de pesadelos se torna de policia...)

Fundamos a escola, que é uma Associação sem fins

lucrativos, com cerca de 23 profissionais multidisciplinares.

E conhecemos outro psiquiatra, professor da UFBA, tendo vindo da Alemanha, trazendo uma medicação ouro para autistas, como Franz, avesso ao toque e não verbal.

Único efeito colateral: baixa de glóbulos brancos que pode trazer morte imediata, por leucocitose…

Assim, ele tem que fazer acompanhamento trimestral de exame de sangue por toda a vida...
Aceitamos o desafio e ele melhorou muito.

A qualidade de vida em nossa família foi colossal…
Gratidão, Dr Luiz Meira Lessa!!!
Mais perfeito foi o encontro dele com o primeiro animal de estimação, a pastora alemã Kika, que o fez aceitar as lambidas, os toques, o carinho…

Franz se derreteu de amor!!
Depois disso me impus morar em casa para ter sempre 3 cachorros inteligentes, que sabem lidar com pessoas com necessidades especiais, o pastor alemão!
Na escola, ele aprendeu a tocar violão de forma primária, com a musicoterapia (nos retratos, gosta de fazer poses de musicista , rsrs).

Na escola, ele monta a cavalo com a equoterapia…

E se fez semi-verbal já adulto, este é o SALTO QUÂN-
TICO de minha vida e o dele!!!

Um sucesso, graças ao esforço de muitos anjos que
nos rodeiam.

Gratidão ao Universo!!

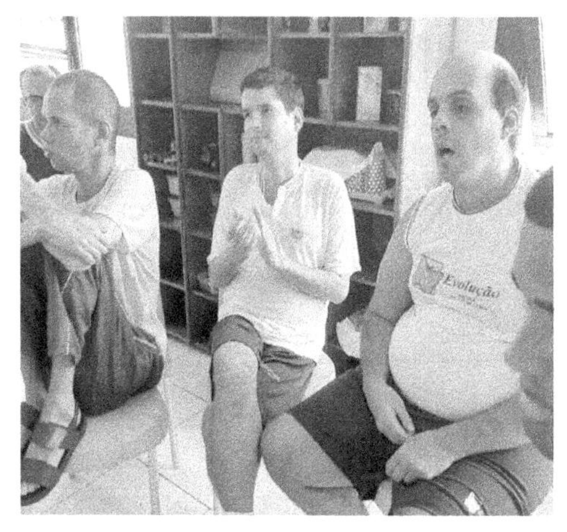

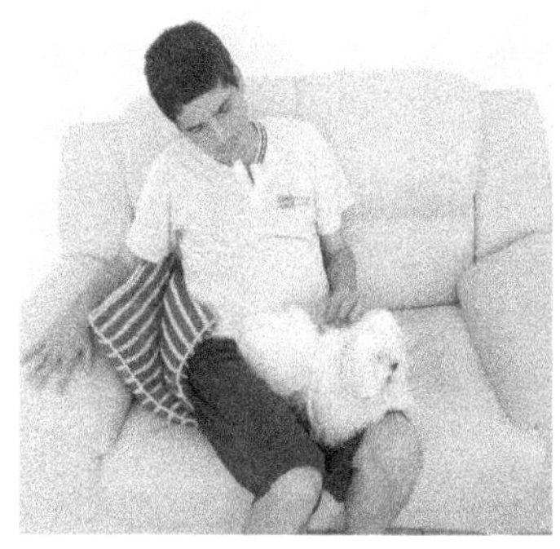

CAPITULO XII
SOBRE O DIA 02 DE ABRIL, DIA MUNDIAL DA CONSCIÊNCIA AUTISTA, INSTITUÍDO PELA ONU

Em 2 de Abril, muitos monumentos, instituições estarão iluminados de azul, em comemoração ao dia Mundial da Conscientização do Autismo, instituído pela ONU, em 2007.

A primeira vista, deve soar como inusitada a presença de uma juíza do trabalho diante de uma plateia eminentemente composta de profissionais da área da saúde, a falar sobre Pessoas Com Deficiências.

Mas tal se explica plenamente para, em breve linhas, trazer a esta comunidade, a minha preocupação como mãe atípica, sobre aqueles que sofrem uma restrição de ordem física, mental ou mesmo sensorial.

Enquadram-se neste ângulo, os deficientes físicos, visuais, auditivos, os portadores de transtornos cognitivos como o retardo, da síndrome de Down, da talidomida e autistas.

A articulista deste artigo tem um filho autista, adulto, semi-verbal, o fabuloso FRANZ, que inspirou a fundação da associação sem fins lucrativos, a Escola Evolução, dos Autistas, sito à mesma a Rua Alberto Fiuza Nº 500, Imbui, há cerca de 35 anos que hoje tem cerca de 60 alunos, com Deficiência de vários graus, sendo 40% vindos da periferia.

E que lá encontram atendimento multidisciplinar, com cerca de 23 profissionais, aulas diárias, de segunda a sexta, com alimentação completa, lanches e almoço. Uma luta a todo momento.

Em 2007, a ONU institui como marco, o dia 02 de abril, como o dia mundial da conscientização do autismo, sendo iluminados de azul todos os monumentos em todo o planeta.

Uma grande homenagem que tira da invisibilidade a síndrome do autismo e chama a atenção para as mais diversas manifestações do espectro, na tentativa, de ajudar a propagar boa informação sobre o que ainda se faz um mistério, na Ciência, sendo propostas várias hipóteses.

Enquadram-se, eles, nas Pessoas Com Deficiências e sua inclusão a sociedade, como um objetivo que o Poder Judiciário não se faz omisso.

As pessoas com algum tipo de deficiência, em todo o mundo, atingem a marca de 15% (quinze por cento) de acordo com dados da Organização Mundial de Saúde,

OMS, em 2010 e tem 17,3 milhões somente no Brasil segundo a Pesquisa Nacional de Saúde (PNS) de 2019.[1] [2]

Entre os povos primitivos, o tratamento dispensado as Pessoas Com Deficiência assumiu dois aspectos básicos: alguns as exterminavam, por serem considerados grave empecilho à sobrevivência do grupo e outros as protegiam e sustentavam para buscar a simpatia dos deuses ou como gratidão por aqueles mutilados em guerra.

Os hebreus as viam como um castigo de Deus e as impediam de exercer qualquer ofício religioso.

Em Esparta, recém-nascidos, frágeis ou deficientes, eram lançados do alto de um abismo de mais de 2400 metros de altitude, chamado Taigeto.

Na Roma antiga, a Lei das XII Tábuas autorizava os patriarcas a matarem seus filhos defeituosos.

____

[1] Publicado pela Organização Mundial de Saúde em 2011, sob o titulo World Report on Disability/World Health Organization, The World Bank, tradução Lexicus Serviços Linguísticos – São Paulo SEDPcD, 2012 334p.

[2] Título original: World Report on Disability 2011. ISBN 978-85-64047-02-0. 1. Pessoas com Deficiência – estatística e dados numéricos. 2. Pessoas com Deficiência – reabilitação. 3. Prestação de Serviços de Saúde. 4. Crianças com Deficiência. 5. Educação Especial. 6. Emprego apoiado. 7. Política de Saúde / Organização Mundial da saúde. Banco Mundial. Título II.

Mas outros povos tinham conduta diversa, cuidando dos seus deficientes, como os hindus, que consideravam os cegos pessoas de sensibilidade interior mais aguçada, pela falta de visão e assim os mesmos ingressavam nas funções religiosas.

Os atenienses, por influência de Aristóteles protegiam seus deficientes, sustentando-os, por meio de uma espécie de Previdência Social, exemplo seguido pela Roma Imperial.

Na Idade Média, sob a influência do Cristianismo, os senhores feudais amparavam os deficientes e doentes, em casas de assistência por eles mantidas.

Até aí a visão assistencialista sobrevivia, quando o Renascimento trouxe definitivamente a postura profissionalizante e integrativa das Pessoas Com Deficiência.

A partir de 1789, na Idade Moderna, vários inventos foram forjados com o intuito de propiciar meios de trabalho e locomoção aos deficientes, tais como a cadeira de rodas, coletes, próteses, macas, camas móveis etc... Louis Braille criou o código que propiciou a perfeita integração dos deficientes visuais à linguagem escrita.

Mas, foi a partir da Revolução Industrial que houve o despertar da atenção para a questão a habilitação e da reabilitação do portador de deficiência para o trabalho, não somente pelo fato das guerras, epidemias e anomalias genéticas serem causas de deficiências, mas o próprio Trabalho, exercido quase sempre em condições precárias, ocasionou acidentes mutiladores e doenças profissionais.

Aí foi necessária a própria criação do Direito do Trabalho e um sistema eficiente de Seguridade Social, com atividades assistenciais, previdenciárias e de atendimento à saúde.

Até 1988, o Brasil viveu como o modelo assistencialista, que foi rompido de maneira saudável, pela Constituição Federal ora implementando um arcabouço jurídico hábil a integrar a pessoa com deficiência, sendo a primeira carta constitucional que enfatiza sobremaneira, a tutela da pessoa deficiente no trabalho.

Saliente-se que as Pessoas Com Deficiência não formam um grupo homogêneo.

Os problemas podem ser físicos, sensoriais, intelectuais ou mentais, de nascença ou adquiridos e, principalmente, com maior ou menor impacto sobre sua capacidade de trabalho e interação com o meio social.

Mas a sua contribuição para a economia nacional se torna mais evidente, tanto pela redução de custos de pagamentos por invalidez como pela redução do nível geral de pobreza.

E, além disso, os empregadores podem se beneficiar ao contratar trabalhadores portadores de deficiências e ao manter aqueles que tenham adquirido alguma.

Mas por que se nega emprego a Pessoas Com Deficiência, ou só lhes é dado trabalho servil e mal remunerado? Isso acontece em qualquer análise de mercado no Brasil e no mundo.

Por falta de legislação competente? Não, porquanto à nossa Constituição Federal proíbe qualquer espécie de discriminação ao trabalhador portador de deficiência, seja no tocante a salário ou nos critérios de admissão (art. 7°, inciso XXXI).

Também determina em seu art. 37, inciso VIII, que a lei reservará percentual dos cargos e empregos públicos para as Pessoas Com Deficiência e definirá os critérios de sua admissão.

Neste diapasão, a Lei 8112/90 impõe a União a reserva, em seus concursos, de até 20% das vagas a portadores de deficiências, havendo iniciativas semelhantes nos estatutos Estaduais e Municipais, para o regime dos servidores públicos.

Ressalve-se, desde logo, o limite a ser seguido de que

a deficiência apresentada pelo candidato seja compatível com a função a ser exercida.
Por exemplo, um cego não pode ser empacotador, mas o surdo-mudo sim.

Na esfera privada, a Lei 8213, de 1991, determina que as empresas com 100 ou mais empregados sejam obrigadas a preencher de 2 a 5% dos seus cargos com profissionais reabilitados ou portadores de deficiência.

Cuida também o art. 203 da CF, em seu inciso IV, da habilitação e reabilitação dos deficientes e sua integração 'a vida comunitária.

No mesmo artigo, em seu inciso V, dispõe que os deficientes e idosos incapazes de se manter pelo seu próprio trabalho ou por auxílio de família, percebam uma renda vitalícia de um salário-mínimo, mediante a norma específica instituída pela Lei 8742/1993.

Há também previsão constitucional de entre os deveres do Estado a oferta de escolas especializadas para portadores de deficiência.

Observe-se ainda, que as chamadas oficinas protegidas são aquelas que se encontram no interior de entidades que desenvolvem trabalhos terapêuticos, visando à preparação do deficiente para um futuro processo seletivo de trabalho, sendo tal procedimento indispensável com relação a algumas deficiências mentais, cujo grau de comprometimento afete os processos de socialização dos portadores de deficiência.

Por exemplo, na associação de autistas que participo, existem oficinas dotadas para as capacitações específicas de cada um adaptando-se para as dificuldades singulares de cada um deles, sem exigências de uma perfeição impossível de se atingir.

Respeitam-se as suas diversidades, mas os estimulam dia serem úteis e adquirirem a aptidão para, pelo menos, as atividades da vida diária.

Para concluir, resta-me cumprimentar os dirigentes e participantes deste encontro, pela coragem na abordagem dos temas ligados ao Direito e a Medicina, na esfera do portador de transtornos cognitivos.

É preciso enfatizar que as suas limitações para o trabalho se constituem em barreiras tão somente instrumentais.

Todas estas barreiras são superáveis, desde que a sociedade se dispa dos preconceitos atávicos.
É o que se espera!

CAPÍTULO XIII
O ANIVERSÁRIO DE FRANZ

- 41 -

Em 14/01/2021, em plena pandemia, escrevi e publiquei no Jornal Tribuna da Bahia:
Sou autista vulnerável, não tenho direito a vacina.
Hoje os parabéns são para Franz!

Meu nome é Franz, quem escreve é a minha mãe Graça Boness, pois sou autista, semi-verbal, Pessoa Com Deficiência, não sou alfabetizado, mas frequento a escola especial que ela fundou - a Escola Evolução.

Dito isso, minha mãe relata a minha história de vida:

"Você nasceu em um dia dedicado ao Senhor do Bonfim, um bebezinho quieto e com olhar fixo no infinito.

Tão diferente da irmãzinha mais velha, Ingrid Boness, que me tirava o sono de tanta zoada que fazia, até no meio da noite…

Você era diferente, notei logo, recusava os meus braços e nem suportava ruídos...

Vivia com as mãozinhas nos ouvidos, recusando um mundo para você tão agressivo…

Não falou, nem na época certa...
Eu e o pai, Heiter Boness, preocupados…
O diagnostico de autismo não verbal veio aos 2 anos…

Rituais, choro constante, hiperatividade, rejeição ao contato com pessoas…

Só com a cadela Kelly, uma pastora alemã paciente, você se alegra…

Por isso, tenho fidelidade a este tipo de cães (tenho hoje 3 em minha casa)…

Naquela época, o autismo era mistério, para pais e profissionais (pediatras, psicólogos, psiquiatras...).

Pelo menos no Brasil…

E pior ainda no Nordeste...

Chamamos de São Paulo o Psiquiatra Raymond Rosemberg, que nos orientou sobre remédios e abordagens de condutas.

Foi muito importante a vinda dele a Salvador.
Gratidão!

Então, fundamos eu, Heiter e cerca de 10 pais de uma doença tida como rara aquela época, uma escola que abrigasse não só você, mas seus coleguinhas vindos das favelas e das periferias…

Porque nesses locais, os gritos de pesadelo numa noite insone de um especial, para na delegacia de polícia mais próxima de vizinhos perversos…

Vi que Deus me deu você como um prêmio, uma missão não só com você, mas com muitos vulneráveis carentes…

Tive ajuda de amigos de ouro…

Tive a sorte infinita de você se tornar semi-verbal quando adulto…

Gratidão, gratidão, gratidão.

E assim a Escola Evolução Inespi foi fundada, com cerca de 30 profissionais multidisciplinares, um custo grande, mas necessário exigindo muitas ações de realização de bingos, feijoadas e festas beneficentes...

Eu, me despindo da toga, igual a qualquer mãe de lar carente, vendendo bilhetes para angariar fundos para a escola sobreviver…

Mesmo fazendo parte dos 40% dos pagantes, eram 60% de alunos carentes a cuidar, de segunda a sexta, das 8 ás16hs com lanches e almoço.

Uma batalha a cada dia!
Fizemos uma padaria, capacitando as mães sem trabalho, a fazerem delicias para não dependerem somente de doações, pois o intuito não era depender de caridade e sim de oportunidade…

Você inspirou tudo como um anjo que é Franz!!
E veio a pandemia, e a escola fechou.

Os vulneráveis, que não tem a alternativa do sítio, como você, foram e estão sendo atingidos!
Já temos 3 órfãos de mães pobres, que morreram de COVID 19…

Autistas não verbais e mesmo semi-verbais não tem acesso a ensino virtual…

Isso me deixa triste, mas você está me inspirando a pedir em publico que a vacina quando disponível lembrem-se de vocês, PESSOAS COM DEFICIÊNCIA, que são extremamente vulneráveis.

Para a escola voltar, para um mundo melhor!
Parabéns, muitas felicidades e bênçãos do Senhor do Bonfim, Franz!

Você é o meu prêmio do Universo, haja o que houver

comigo…

"Wherever you will GO, I will be with you!! Always!

Para onde quer que você vá eu estarei contigo!!
Sempre!"

CAPITULO XIV
DA VACINA CONTRA A COVID – PRIMEIRA MATÉRIA NA MÍDIA DO ESTADO DA BAHIA

E o direito a vacina para os autistas, negado inicialmente, em fevereiro de 2021?

Tive que expor Franz à imprensa, e escrever um artigo, colocando o sofrimento de todo o grupo familiar de um vulnerável autista.

A matéria disse tudo: "Sou Autista vulnerável sem direito a vacina", publicado pela Tribuna da Bahia em 09/02/2021

Maria das Graças Boness

Sou autista vulnerável e sem direito a vacina

" meu nome é Franz , quem escreve por mim é a minha mãe, Graca Boness, pois sou autista semiverbal, pessoa com deficiência, não alfabetizado, mas frequento a escola especial que ela fundou, a Escola Evolução do Imbul.

" Você nasceu num dia dedicado ao Senhor do Bonfim, 14 de janeiro, um bebezinho quieto e com olhar fixo no infinito.. Tao diferente da irmãzinha mais velha , Ingrid Boness, que me tirava o sono de tanta zoada que fazia, até no meio da noite.. Você era diferente, notei logo , recusava meus abraços e nem suportava ruídos.. Vivia com as mãozinhas nos ouvidos, recusando um mundo, para você, tao agressivo... Não falava , nem na época certa... Eu e o pai , Heiter Boness, preocupados... O diagnóstico de autismo não verbal veio aos 2 anos.. Rituais, choro constante, hiperatividade, rejeição a qualquer contato com pessoas... Só quando chegou Kika, uma pastora alemã paciente, você se alegrava ... Por isso, tenho fidelidade a esses cães (tenho hoje 3 em minha casa)... Naquela época, o autismo era um mistério , para pais e profissionais (pediatras, psicólogos , psiquiatras) Pelo menos no Brasil... E ainda pior ainda no Nordeste... Chamamos de São Paulo o psiquiatra Raymond Rosemberg , que nos orientou sobre remédios e abordagens de condutas.

Foi muito importante a vinda dele a Salvador. Gratidão! Então, fundamos eu, Heiter e cerca de 10 pais de filhos de uma síndrome tida como rara, naqueles anos 80, uma escola que abrigasse não só você, mas seus coleguinhas vindos das favelas e da periferia... Porque nesses locais, os gritos de pesadelo numa noite insone de um especial, parava na delegacia de polícia mais próxima de vizinhos perversos.. Vi que Deus me deu você, Franz , como um prêmio, uma missão não só com você , mais com muitos vulneráveis carentes.. Tive ajuda de amigos de ouro... Tive a sorte infinita de você se tornar semiverbal quando adulto... Um salto quântico!

GRATIDÃO, GRATIDÃO, GRATIDÃO!!

E assim a Escola Evolução Inespi foi fundada, com cerca de 38 profissionais multidisciplinares, um custo grande mas necessário, exigindo muitas ações de realização de bingos, feijoadas, forrós, festas beneficentes. Eu, me despindo da toga, igual a qualquer mãe de lá, carente, vendendo bilhetes para angariar fundos para a escola sobreviver... Mesmo fazendo parte dos 40% dos pagantes, eram 60% de alunos carentes a cuidar, de segunda a sexta-feira, das 8 as 16 hs, com lanches e almoço.

UMA BATALHA A CADA DIA !

Fizemos uma padaria, capacitando mães sem trabalho, a fazer delícias para não depender somente de doações, pois o intuito é ter oportunidade e não carida-

de... Você inspirou tudo como um anjo que é, Franz !! E veio a pandemia e a escola fechou... Os vulneráveis , que não tem a alternativa de ir ao sítio, como você, foram e estão sendo muito atingidos! Já temos 3 órfãos de mães pobres, que morreram de COVID-19.. Autistas não verbais e mesmo semiverbais não têm acesso ao ensino virtual.. Isso tudo é muito triste , mas você está me inspirando a pedir em público que a VACINA , de qualquer país de origem, quando disponível no Brasil, se lembrem de vocês, pessoas com deficiência, que são extremamente vulneráveis.

Para a escola voltar, para um mundo melhor !! Você é meu prêmio do Universo, haja o que houver comigo... " Wherever you will go, I will be with you"!! Para onde quer que você vá, eu estarei contigo!! Sempre!!"

Maria das Graças Boness, mãe de Franz autista e desembargadora do TRT da Bahia.

CAPITULO XV
E A VACINA VEIO, COM AS GRAÇAS DE DEUS, PARA OS AUTISTAS EM TODO O BRASIL

Aleluia!!

Valeu toda a exposição nas mídias, Franz.

Deus abençoe a todas as Pessoas Com Deficiência!

Repito o mantra: a Ciência nos salvará!!

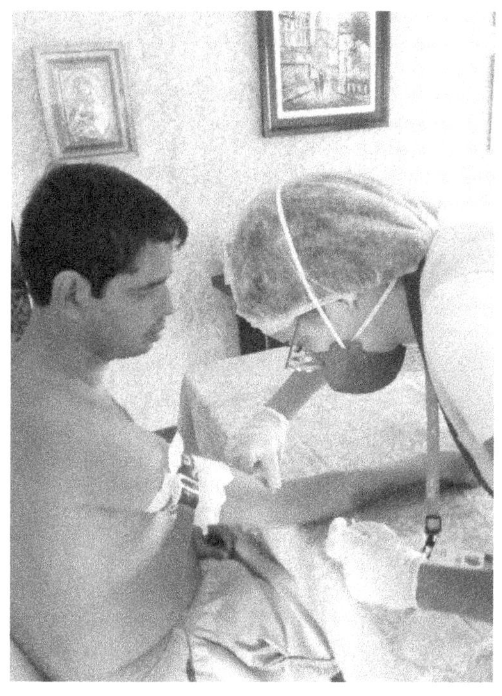

CAPITULO XVI
O QUE NOS PEDIRIA UM AUTISTA?

- 51 -

1- Ordem e estrutura, antecipando o que vai acontecer.

2- Respeita o meu ritmo. O normal é que eu me desenvolva cada vez mais.

3- Fale-me pouco e devagar. As palavras em demasia podem ser uma carga muito pesada para mim.

4- Diga, de algum modo, quando consigo executar tarefas bem-feitas, mesmo que nem sempre eu consiga. Necessito compartilhar o prazer e o gosto de fazer as coisas bem-feitas.

5- Necessito de mais ordem e mais previsibilidade no nosso convívio. Teremos que negociar os meus rituais para convivermos.

6- Não permitas que me acomode e permaneça inativo, mesmo sendo difícil compreender o sentido de muitas das coisas que me pedem para fazer.
Elas têm que ter um sentido concreto.

7- Respeita as distâncias que necessito, porém sem me deixar só. As pessoas são, às vezes, demasiadamente imprevisíveis, ruidosas ou estimulantes.

8- Quando eu me zango ou me golpeio, se destruo algo ou me movimento em excesso, quando me é difícil atender ou fazer o que me pede, não estou querendo te prejudicar.
O que faço não é contra você.
Não me atribuas más intenções!

9- Meu desenvolvimento não é absurdo, embora não seja fácil de entender.
Muitas das condutas são formas de enfrentar o mundo na minha especial forma de ser e perceber.

10- Meu mundo não é complexo e fechado.
Pelo contrário, é aberto, sem dissimulações e mentiras, tão ingenuamente exposto aos demais, que é difícil penetrar nele.

11- Não me peças sempre as mesmas coisas nem me exijas as mesmas rotinas.
O autista sou eu, não você!

12- Não sou só autista.
Sou uma criança, um adolescente, ou um adulto.
Compartilho muitas coisas das crianças, adolescentes ou adultos.
É aquilo que compartilhamos que nos une.

13- Vale a pena viver comigo.

Pode chegar um momento em sua vida em que eu, que sou autista, seja sua maior e melhor companhia.

14- Não me agridas quimicamente.

Não preciso de medicamentos, apenas o acompanhamento periódico de um especialista.

15- Ninguém tem culpa de minhas reações e condutas difíceis de compreender.

A ideia de "culpa" só produz sofrimentos.

16- Ajuda-me a ter mais autonomia, mas peça só o que posso fazer.

17- Necessito estabilidade e bem-estar emocional ao meu redor para estar melhor.

Para mim, não é bom que estejas mal e deprimido.

18- Ajuda-me com naturalidade, sem obsessão. Aproxime-se de mim, porém, tenha seus momentos de repouso ou dedique a suas próprias atividades.

19- Aceita-me como sou. Minha situação normalmente melhora, ainda que, no momento, não tenha cura.

20- Não compreendo as sutilezas sociais, porém tão pouco participo das duplas intenções ou dos sentimentos perigosos tão frequentes na vida social.

Minha vida pode ser satisfatória, se é simples, ordenada e tranquila.

Ser autista é um modo de ser, ainda que não seja o normal.

Nessa vida, podemos encontrar-nos e compartilhar muitas experiências.

Adaptação do texto de Angel Rivière, Autism-Spain - Assessor Técnico da APNA - Madrid, 1996.

CONCLUSÃO

Como vocês constataram este não é um livro sobre autismo.

Este é um livro de contos sobre um autista moderado, semi-verbal, carinhoso e inspirador da minha vida, dos meus sonhos, de uma comunidade que vive com ele: FRANZ.

E também um relato documental sobre a criação da Escola Evolução de Autistas do Imbui.

E sua importância para com as crianças e jovens com Deficiência de muitos aspectos, carentes na mais pura expressão, oriundos das comunidades e das periferias de Salvador, que lá encontram as mesmas oportunidades e atendimentos de cerca de 28 profissionais multidisciplinares que são acessíveis a Franz, sem qualquer distinções.

"A Sesab já é a grande parceira da nossa instituição, nos fornecendo o que há de mais moderno em termos de medicamentos", ressaltou a juíza durante a visita.

Na esfera pública, informou, também existem convênios com as Voluntarias Sociais e a Prefeitura para o

recebimento de itens das três refeições que são ofereci-
das diariamente aos alunos.

Uma oficina de costura e um sal ao de beleza também
foram montados com apoio do Senai para que as mães
dos internos desenvolva atividades e angariem recursos.

O projeto de expansão deverá contemplar prioritaria-
mente a reforma e a melhoria das instalações ligadas
ao dia a dia dos alunos.

As atividades de estimulação e socialização contam
hoje com salas de aula e um refeitório, uma quadra im-
provisada, uma pequena piscina, uma horta e um vi-
veiro com galinhas, patos e coelhos.

Quem quiser colaborar de alguma forma com a instituição, seja com equipamentos, apoio profissional ou
financeiro, já pode entrar em contato pelo telefone 71
3231-1502.

A conta-corrente para contribuição é do Banco do Brasil, agência 3460-0, conta-corrente nº 4464-4, CNPJ
15.184.823/0001-91, "Associação de Pais e Amigos";
PIX – 15.184.823/0001-91.

EPÍLOGO

Como reconhecer um autista, em tenra idade, ainda criança:

- Dificuldade de relacionamento com outras crianças;
- Riso inapropriado;
- Pouco ou nenhum contato visual;
- Aparente insensibilidade à dor;
- Preferência pela solidão; modos arredios;
- Rotação de objetos e inapropriada fixação em objetos (apalpá-los insistentemente, mordê-los...);
- Perceptível hiperatividade ou extrema inatividade;
- Ausência de resposta aos métodos normais de ensino;
- Insistência em repetição;
- Resistência à mudança de rotina;
- Não tem real medo do perigo (consciência de situações que envolvam perigo);
- Ecolalia (repete palavras ou frases em lugar da língua normal);
- Recusa colo ou afagos;
- Age como se estivesse surdo;
- Dificuldade em expressar necessidade (usa gesticular de palavras);

-    Irregular habilidade motora (pode não querer chutar uma bola, mas pode arrumar perfeitamente alguns blocos).

TRANSTORNO DO ESPECTRO AUTISTA E SUBDIVISÕES NA CID – II

6 A02 – Transtorno do Espectro do Autismo (TEA)

6 A02.0 – Transtorno do Espectro do Autismo sem Deficiência Intelectual (DI) e com Comprometimento Leve ou Ausente de Linguagem Funcional.

6 A02.1 – Transtorno do Espectro do Autismo com Deficiência Intelectual (DI) e com Comprometimento Leve ou Ausente da Linguagem Funcional.

6 A02.2 – Transtorno do Espectro do Autismo sem Deficiência Intelectual (DI) e com Linguagem Funcional Prejudicada.

PAIS FUNDADORES
DA ESCOLA EVOLUÇÃO

RELAÇÃO DE PRESENTES.

Alter Heiter Boness

Maria das Graças Oliva Boness

Valdino Pereira da Silva

Margarida Maria Sacramento da Silva

José Augusto de Azevedo Leal

Graça Maria Oliveira de Azevedo Leal

Antônio Fernando Meyer Nascimento

Maria da Gloria Matos Nascimento

José Venceslau dos Santos

Ana Maria Santos

Armaldo Souza de Oliveira

Maria Helena Cerqueira Oliveira

Elio de Albuquerque Abrunhosa

Iara da Fonseca Abrunhosa

José Maria Couto Sampaio

Marilena Barreto Sampaio

Maria Julia Girardi Carres.
PRESIDENTE

Ana Cristina Batista de Freitas.
1ª SECRETARIA

BIOGRAFIA DA AUTORA

Graça Boness nasceu em Salvador, é Desembargadora do Trabalho da Bahia.

Tem dois filhos: a mais velha, Ingrid Boness, Juiza do Trabalho de Feira de Santana, o mais novo, FRANZ ALTER OLIVA BONESS, é autista moderado, semi verbal, sendo INSPIRADOR da criação da Escola Evolução de autistas em Salvador.

Além de ser magistrada, realiza um trabalho social com Pessoas Com Deficiência carentes, na Escola Evolução, uma associação sem fins lucrativos, dotada de utilidade pública municipal, estadual e federal, há cerca de 30 anos.

A Escola se localiza no bairro do Imbui , centro de Salvador , numa área doada pela Prefeitura de Salvador, de cerca de 10.000 metros quadrados, 10 salas de aula, uma padaria e um centro de artesanato gerenciado por mães carentes dos alunos para suprir as necessidades financeiras mensais da instituição.

Possui a entidade também de cerca de 28 profissionais multidisciplinares, devidamente registrados em carteira de trabalho, com atividades de educação física, musicoterapia, biofilia, equoterapia, atividades psicopedagogicas e de vida diária
De segunda a sexta, das 08 as 16 hs , com lanches e almoços em dois refeitórios.

Uma luta diária, que conta com o apoio financeiro de 40% de pais pagantes mensais como a autora, sendo o custo de cada aluno em média cerca de $ 1500,00 mensais.

60 % dos alunos são absolutamente carentes, vindos das favelas e comunidades de Salvador, sendo acolhidos e tratados igualmente com alunos pagantes e de outra classe social, como o filho da autora, Franz, o autista inspirador!

NOTA DA AUTORA DA APRESENTAÇÃO

Simona Adivíncula nasceu a Salvador de Bahia, em Salvador de Bahia - Brasil, naturalizada italiana mora em Milão com o marido e a filha.

Escritora, romancista, poeta, jornalista freelance é membro da Academia da Cultura de sua cidade natal.

Muito conhecida e apreciada, ela escreve há 25 anos e tem bem 16 livros publicados em diferentes idiomas.

É a responsável do Grupo "Escritores Brasileiros na Itália".

É a representante da Edizioni We no Brasil

É membro do Rotary E-Club of Latinoamerica.